Joachim Ringelnatz

Kinder-Verwirr-Buch

mit vielen Bildern

Diogenes

Das Kinder-Verwirr-Buch ist erstmals 1931 in Berlin
bei Ernst Rowohlt erschienen, 1969 bei Karl H. Henssel, Berlin

60/95/6/1
ISBN 3 257 00822 8

Ernst Rowohlt gewidmet

Kleine Lügen und auch kleine
Kinder haben kurze Beine.

*

Das ABC ist äußerst wichtig.
Im Telefonbuch steht es richtig.

*

Der Klapperstorch hat krumme Beine.
Die Kinder werfen ihn mit Steine.
Aber Kinder bringt er keine.

*

Der Spanier lebt in fernen Zonen
Für die, die weitab davon wohnen.

Und der Osterhase legt
(Bald sehr eitel, bald bewegt)
Rührei oder Spiegelei.
Schauerlich stöhnt er dabei.

der Osterhase

[der Osterhase]

Rätselhaftes Ostermärchen

(nur mit Ei und Eier aufzulösen)

Der FrackverlOher HOnrich OstermOO kehrte am ersten OsterfOOtage sehr betrunken hOm. SOne Frau, One wohlbelObte, klOne Dame, betrieb in der KlOststraße Onen OOhandel. Sie empfing HOnrich mit den Worten: »O O, mOn Lieber!« DabO drohte sie ihm lächelnd mit dem Finger. Herr OstermOO sagte: »Ich schwöre Onen hOligen Od, daß ich nur ganz lOcht angehOtert bin. Ich war bO Oner WOhnachtsfOO des VerOns FrOgOstiger FrackverlOher. Dort hat Ones der Mitglieder anläßlich der Konfirmation sOner Tochter One Maibowle spendiert, und da habe ich denn sehr viel RhOnwOn auf das Wohl des verehrten JubelgrOses trinken müssen, wOl man ja nicht alle Tage zwOundneunzig Jahre alt wird.« Frau OstermOO schenkte diesen Beteuerungen kOnen Glauben, sondern sagte nochmals: »O O, mOn Lieber!« Worauf ihr PapagO die ersten zwO Worte »O O« wohl drOßigmal laut wiederholte. Über das GeschrO des PapagOs geriet HOnrich in solche Wut, daß er On BOl ergriff und sämtliche OOOO zerschlug. Frau OstermOO wurde krOdeblOch und lief, triefend von Ogelb zur PolizO. Ihr Mann aber ließ sich erschöpft auf Onen Stuhl nieder und wOnte lOse vor sich hin. Bis ihm der PapagO von oben herab On OsterO in den Schoß warf. Da war alles vorbO.

Sechs Beine hat der Elefant.
Er wird auch Mißgeburt genannt.

der Elefant

[*der Elefant*]

Babies

Daß eure Windeln wie Segel sind,
Das wißt ihr Kinder noch nicht.
Ihr kümmert euch nicht um den eigenen Wind,
Um den fremden Wind, um das fremde Licht.
Ihr reist wie Passagiere.
Und wenn das Schiff mit euch ersauft,
Dann seid ihr himmeltief getauft,
Unschuldige, glückliche Tiere.

Kind, spiele!

Kind, spiele!
Spiele Kutscher und Pferd! –
Trommle! – Baue dir viele
Häuser und Automobile! –

Koche am Puppenherd! –
Zieh deinen Püppchen die Höschen
Und Hemdchen aus! – Male dann still! –
Spiele Theater: »Dornröschen«
Und »Kasperl mit Schutzmann und Krokodil!« –

Ob du die Bleisoldaten
Stellst in die fürchterliche Schlacht,
Ob du mit Hacke und Spaten
Als Bergmann Gold suchst im Garten im Schacht,

Ob du auf eine Scheibe
Mit deinem Flitzbogen zielst, – – –

Spiele! – Doch immer bleibe
Freundlich zu allem, womit du spielst.
Weil alles (auch tote Gegenstände)
Dein Herz mehr ansieht, als deine Hände.
Und weil alle Menschen (auch du, mein Kind)
Spielzeug des lieben Gottes sind.

Beinchen

Beinchen wollen stehen.
Beinchen wollen gehen,
Sich im Tanze drehen.
Beinchen wollen ruhn.
Beinchen wollen spreizen,
Wollen ihren Reizen
Jegliche Gelegenheit
Geben. Haben jederzeit
Muskulös zu tun.

Beine dick und so und so,
Beine dünn wie Stange.
Alle Beine sind doch froh.

Arme, arme Schlange!

Dornröschen

[*Dornröschen*]

Schlängelchen

Schlängelchen zum Teufel kam,
Ganz still und bescheiden.
Und der Teufel das Schlängelchen nahm
Und es streichelte.
Mochte es gut leiden.

Kam ein Schlängelchen
Zu einem Engelchen,
Neigte sich und wollte wieder scheiden.
Engelchen mochte das Schlängelchen
Gut leiden,
Sagte fromm:
»Komm!«

Nie bist du ohne Nebendir

Eine Wiese singt.
Dein Ohr klingt.
Eine Telefonstange rauscht.
Ob du im Bettchen liegst
Oder über Frankfurt fliegst,
Du bist überall gesehen und belauscht.

Gonokokken kieken.
Kleine Morcheln horcheln.
Poren sind nur Ohren.
Alle Bläschen blicken.

Was du verschweigst,
Was du den andern nicht zeigst,
Was dein Mund spricht
Und deine Hand tut,
Es kommt alles ans Licht.
Sei ohnedies gut.

Die Guh gibt Milch und stammt aus Leipzig.
Wer zuviel Milch trinkt, der bekneipt sich.

Der Ochse gibt statt Milch: Spinat.
Er spielt am Nachmittage Skat.

Unter Wasser Bläschen machen

Kinder, ein Rätsel! Hört mich an!
Wer es herausbekommt, kriegt Geld! – Wie kann
Man unter Wasser Bläschen machen?
Das müßt ihr versuchen – unbedingt! –
In der Badewanne. Und wenn es gelingt,
Werdet ihr lachen.

Kinder, spielt mit einer Zwirnsrolle!

Gewaltigen Erfolg erzielt,
Wer eine große Rolle spielt.

Im Leben spielt zum Beispiel so,
Ganz große Rolle: der Popo.

Denkt nach, dann könnt ihr zwischen Zeilen
Auch mit geschlossenen Augen lesen,
Daß Onkel Ringelnatz bisweilen
Ein herzbetrunkenes Kind gewesen.

[*der zerrupfte Schmetterling*]

Das Hexenkind

Das junge Ding hieß Ilse Watt.
Sie ward im Waisenhaus erzogen.
Dort galt sie für verstockt, verlogen,
Weil sie kein Wort gesprochen hat
Und weil man ihr es sehr verdachte,
Daß sie schon früh, wenn sie erwachte,
Ganz leise vor sich hinlachte.

Man nannte sie, weil ihr Betragen
So seltsam war, das Hexenkind.
Allüberall ward sie gescholten.
Doch wagte niemand, sie zu schlagen.
Denn sie war von Geburt her blind.

Die Ilse hat für frech gegolten,
Weil sie, wenn man zu Bett sie brachte,
Noch leise vor sich hinlachte.

In ihrem Bettchen blaß und matt
Lag sterbend eines Tags die kranke
Und stille, blinde Ilse Watt,
Lächelte wie aus andern Welten
Und sprach zu einer Angestellten,
Die ihr das Haar gestreichelt hat,
Ganz laut und glücklich noch: »Ich danke.«

Den Unterschied bei Mann und Frau
Sieht man durchs Schlüsselloch genau.

Emanuel Pips

(Zu seinem 81. Geburtstag)

Den Kammerjäger Emanuel Pips
Vom linken Ufer des Mississipps
Möchte jedermann leiden.
Er war äußerst bescheiden.
Er trug acht Zentimeter Rips
Als Anzug und einen Seiden-
faden in Grün als Schlips,
Fragte niemals nach Rennbahntips,
Hatte überhaupt keinen Grips,
Aß einmal am Tage (potato-chips),
Trank alkoholfreie Salzwasserflips,
Wurde trotz alledem magenkrank
Und starb am Schwips.

Seine kleine Büste aus Gips
Steht unter anderen Nippes
Heute auf meinem Bücherschrank.

Berichtigung: Kammerjäger Pips
Schrieb sich eigentlich innen mit Yps-
ilon, doch war so bescheiden und lieb,
Dass es ihm gleich war, wie man ihn schrieb.

Arm Kräutchen

Ein Sauerampfer auf dem Damm
Stand zwischen Bahngeleisen,
Machte vor jedem D-Zug stramm,
Sah viele Menschen reisen

Und stand verstaubt und schluckte Qualm
Schwindsüchtig und verloren,
Ein armes Kraut, ein schwacher Halm,
Mit Augen, Herz und Ohren.

Sah Züge schwinden, Züge nahn.
Der arme Sauerampfer
Sah Eisenbahn um Eisenbahn,
Sah niemals einen Dampfer.

Ernster Rat an Kinder

Wo man hobelt, fallen Späne.
Leichen schwimmen in der Seine.
An dem Unterleib der Kähne
Sammelt sich ein zäher Dreck.

An die Strähnen von den Mähnen
Von den Löwen und Hyänen
Klammert sich viel Ungeziefer.
Im Gefieder von den Hähnen
Nisten Läuse; auch bei Schwänen.
(Menschen gar nicht zu erwähnen,
Denn bei ihnen geht's viel tiefer.)

Nicht umsonst gibt's Quarantäne.

Allen graut es, wenn ich gähne.

Ewig rein bleibt nur die Träne
Und das Wasser der Fontäne.

Kinder putzt euch eure Zähne!!

Kinder, ihr müßt euch mehr zutrauen!
Ihr laßt euch von Erwachsenen belügen
Und schlagen. – Denkt mal: fünf Kinder genügen,
Um eine Großmama zu verhauen.

der Weihnachtsmann

[der Weihnachtsmann]

Bist du schon auf der Sonne gewesen?

Bist du schon auf der Sonne gewesen?
Nein? – Dann brich dir aus einem Besen
Ein kleines Stück Spazierstock heraus
Und schleiche dich heimlich aus dem Haus
Und wandere langsam in aller Ruh
Immer direkt auf die Sonne zu.
So lange, bis es ganz dunkel geworden.
Dann öffne leise dein Taschenmesser,
Damit dich keine Mörder ermorden.

Und wenn du die Sonne nicht mehr erreichst,
Dann ist es fürs erstemal schon besser,
Daß du dich wieder nach Hause schleichst.

Kindersand

Das Schönste für Kinder ist Sand.
Ihn gibt's immer reichlich.
Er rinnt unvergleichlich
Zärtlich durch die Hand.

Weil man seine Nase behält,
Wenn man auf ihn fällt,
Ist er so weich.
Kinderfinger fühlen,
Wenn sie in ihm wühlen,
Nichts und das Himmelreich.

Denn kein Kind lacht
Über gemahlene Macht.

Kinder weinen.
Narren warten.
Dumme wissen.
Kleine meinen.
Weise gehen in den Garten.

An Berliner Kinder

Was meint ihr wohl, was eure Eltern treiben,
Wenn ihr schlafen gehen müßt?
Und sie angeblich noch Briefe schreiben.
Ich kann's euch sagen: da wird geküßt,
Geraucht, getanzt, gesoffen, gefressen,
Da schleichen verdächtige Gäste herbei.
Da wird jede Stufe der Unzucht durchmessen
Bis zur Papagei-Sodomiterei.
Da wird hasardiert um unsagbare Summen.
Da dampft es von Opium und Kokain.
Da wird gepaart, daß die Schädel brummen.
Ach schweigen wir lieber. – Pfui Spinne, Berlin!

Silvester bei den Kannibalen

Am Silvesterabend setzen
Sich die nackten Menschenfresser
Um ein Feuer, und sie wetzen
Zähneklappernd lange Messer.

Trinken dabei – das schmeckt sehr gut –
Bambus-Soda mit Menschenblut.

Dann werden aus einem tiefen Schacht
Die eingefangenen Kinder gebracht
Und kaltgemacht.
Das Rückgrat geknickt,
Die Knochen zerknackt,
Die Schenkel gespickt,
Die Lebern zerhackt,

Die Bäuchlein gewalzt,
Die Bäckchen paniert,
Die Zehen gesalzt
Und die Äuglein garniert.

Man trinkt eine Runde und noch eine Runde.
Und allen läuft das Wasser im Munde
Zusammen, ausnander und wieder zusammen.
Bis über den feierlichen Flammen
Die kleinen Kinder mit Zutaten
Kochen, rösten, schmoren und braten.

Nur dem Häuptling wird eine steinalte Frau
Zubereitet als Karpfen blau.
Riecht beinah wie Borchardt-Küche, Berlin,
Nur mehr nach Kokosfett und Palmin.

Dann Höhepunkt: Zeiger der Monduhr weist
Auf Zwölf. Es entschwindet das alte Jahr.
Die Kinder und der Karpfen sind gar.
Es wird gespeist.

Und wenn die Kannibalen dann satt sind,
Besoffen und überfressen, ganz matt sind,
Dann denken sie der geschlachteten Kleinen
Mit Wehmut und fangen dann an zu weinen.

[*der brennende Schnehmann*]

Geplapper an Großpapa

»Großpapa, ach, bist du dumm!
Weil du nichts verstehst.
Großpapa, was bist du krumm,
Wenn du gehst!

Und du zitterst immerzu
Wie ein Pappelwald.
Großpapa, wann stirbst denn du?
Stirbst du bald?«

Die neuen Fernen

In der Stratosphäre,
Links vom Eingang, führt ein Gang
(Wenn er nicht verschüttet wäre)
Sieben Kilometer lang
Bis ins Ungefähre.

Dort erkennt man weit und breit
Nichts. Denn dort herrscht Dunkelheit.
Wenn man da die Augen schließt
Und sich langsam selbst erschießt,
Dann erinnert man sich gern
An den deutschen Abendstern.

Vom andern aus lerne die Welt begreifen

Ein Märchen

Emanuel Assup war durch Fleiß, Einsicht und Treue ein wohlhabender Gutsbesitzer geworden. Sein einziges Kind, ein stiller Junge, hieß Schelich. Der hatte das Abitur bestanden. Nun sollte er einen Beruf ergreifen. Er äußerte, befragt, etwas unsicher: »Seemann«. Der Vater redete ihm das aus. Das Marineleben sei ein hartes und gefährliches. Schelich könnte mit seiner guten Schulbildung auf anderen Gebieten festeres Glück erreichen. Emanuel Assup führte das sehr sachlich und herzlich aus. Und er ließ dem Sohn danach Zeit, sich in Ruhe auf etwas anderes zu besinnen.

Schelich ging spazieren. Durch den Garten, ans Meer, am Strand entlang, durch den Wald und über die Felder. Er fütterte die Vögel und die Fische und sein Lieblingstier: eine Riesenschildkröte, die ihm der

Vater zum Geburtstag geschenkt hatte. Für das Tier war im Garten ein zehn Quadratmeter großes Gehege mit einem Bretterzaun abgegrenzt.

Nach mehreren Wochen erkundigte sich Herr Assup bei seinem Sohn: »Bist du schon mit dir selber einig darüber, was du werden willst?«

»Ich möchte Flieger werden.«

»Nein, mein Junge, das gebe ich nicht zu. Der Fliegerberuf ist ein wagehalsiger, und sein Ruhm befriedigt auf die Dauer keinen geistig begabten Menschen. Überlege dir etwas Besseres. Ich lasse dir Zeit zum Nachdenken, so lange du willst. Aber ich warne dich vor dem Müßiggang. Werde nicht faul, wie es zum Beispiel diese Schildkröte ist, die tagelang auf ein und demselben Fleck liegt und noch nichts geleistet hat.«

Der Sohn antwortete schüchtern: »Ist sie nicht dennoch ein großes Tier geworden?!«

Da wandte sich der Vater lächelnd ab.

Schelich ging zur Schildkröte und fragte sie: »Bist du glücklich?« Aber sie gab keine Antwort, sondern zog sich in ihr Gehäuse zurück.

Schelich fragte die Vögel: »Seid ihr glücklich?«

»Ja! Ja! Weit über die höchsten Türme, Wipfel und Gipfel, durch die lichten und wechselnden Wolken zu jagen, gegen Winde zu steigen; von Winden getragen, sich schwebend zu halten; aus steilen Höhen sich fallen zu lassen, um kurz vor dem Aufprall die fangenden Schwingen zu entfalten und frei zu singen, – – das ist wunderschön!«

Da wurde Schelich sehr traurig. Ohne sich jemandem anzuvertrauen, verließ er eines Morgens das Haus seines Vaters und wanderte davon. Als er nach zwei Tagen den höchsten Punkt eines hohen Berges erreicht hatte, stürzte er sich von einer steilen Felswand hinab. Zweifellos wäre er in der Tiefe zerschmettert, wenn ihn nicht ein großer Vogel mit seinen Flügeln aufgefangen hätte. Der trug ihn nun

Meilen und Meilen weit über Länder und Meere durch die Lüfte.

»Fliegen ist schön!« sagte Schelich.

»Ja, fliegen ist schön, aber man muß es erlernen und verstehen.« Und der Vogel setzte den jungen Mann in einer fernen, großen Stadt ab und entflog.

Schelich fühlte sich frohes Mutes und unternehmungslustig. Er suchte und fand eine Stellung bei einer Fliegereigesellschaft und wurde im Laufe einiger Jahre ein geschätzter Luftpilot. Obwohl er zweimal mit seinem Flugzeug abstürzte, kam er doch mit dem Leben davon und blieb gesund. Aber seinem Vater sandte er nicht das geringste Lebenszeichen. Er wollte ihn erst dann benachrichtigen, wenn er einmal durch eigene Kraft ein Vermögen erworben hätte. Das gelang ihm nicht. Er ward des Fliegerlebens überdrüssig, und seine Sehnsucht nach dem Vater wuchs und wurde so mächtig, daß er eines Tages heimkehrte.

Vater und Sohn fielen einander in die Arme. Sie

weinten vor Rührung und Dankbarkeit. Dennoch sprach Schelich kein Wort über das, was er erlebt hatte. Und der Vater fragte mit keinem Worte danach, sondern verzieh schweigend. Aber Schelich war ganz erschrocken darüber, wie sehr der Vater inzwischen gealtert war.

Und Schelich wurde noch ernster und nachdenklicher. Er eilte zur Schildkröte, fand sie am alten Platze und fragte: »Wie geht es dir? Bist du glücklich?«

Sie gab keine Antwort, sondern zog sich in ihr Gehäuse zurück.

Schelich entfernte den Bretterzaun, der sie gefangen hielt. Der alte Assup kam zufällig hinzu und sagte erstaunt und nicht ohne Vorwurf: »Warum zerstörst du, was ich errichtet habe!«

Wieder lebte Schelich wie zuvor. Er ging spazieren und fütterte die Tiere. Einmal betrat er das Arbeitszimmer des Vaters und teilte diesem ruhig mit, daß die Schildkröte entflohen wäre. Assup senior erregte sich sehr. Er wollte sofort seinen Jäger und ein paar Knechte veranlassen, die Verfolgung aufzunehmen. Schelich beruhigte ihn: »Es ist nicht nötig, Vater. Ich habe die Schildkröte bereits aufgespürt. Sie liegt drei Fuß weit von der ehemaligen Zaungrenze entfernt.«

Vater Assup lachte und klopfte dem Sohn freundlich auf die Schulter. Plötzlich wurde er wieder ernst und sagte, sich abwendend, leise: »Man kommt nicht weit, wenn man sich heimlich entfernt.«

Schelich fragte die Fische: »Seid ihr glücklich?«

»Ja! Ja! Sich von den kühlen Fluten so gütig weich allseitig umspülen, sich treiben zu lassen, und tief zu tauchen in dunkles Reich, wo Wunder blinken; ohne zu ertrinken, durch hohe Wellen, durch Strudel und zischende Böen zu reisen, sich vorwärts zu schnellen; das Fließen von Kühlung zu genießen, – – ach, das ist wunderschön!«

Da wurde Schelich noch trauriger. Er ruderte heimlich mit einem Boot hinaus in die hohe See und sprang dort über Bord, um sich zu ertränken.

Wäre auch ertrunken, weil er nicht schwimmen konnte. Aber wie er so tiefer und tiefer absackte, fuhr ihm auf einmal ein großer Fisch zwischen die Beine. Der trug auf seinem Rücken ihn zur Wasseroberfläche empor. Und dann auf weiter Reise davon, nach einem fernen Lande. Dort setzte er ihn in seichtem Strandwasser nahe einer Hafenstadt ab.

»Ach, schwimmen und reisen ist schön!«

»Ja, aber es will erlernt sein.« Mit diesen Worten entschwand der Fisch.

Schelich watete ans Ufer. Er war voller Energie und Hoffnung. Es glückte ihm bald, sich auf einem Segelschoner als Schiffsjunge zu verdingen. So fuhr er zur See nach entlegenen Küsten und wurde ein guter Seemann. Aber wiederum sandte er keinerlei Nachricht nach Hause, obwohl er diesmal noch stärkere Sehnsucht nach dem Vater empfand als damals in seiner Pilotenzeit. Er wollte so lange als verschollen gelten und nur fleißig arbeiten, bis er dem Vater eines Tages als Kapitän gegenübertreten könnte. An diesem Entschluß hielt er fest. Manchmal meinte er, vor Sehnsucht umkommen zu müssen. Auch bereitete ihm sein Beruf auf die Dauer keine Befriedigung mehr. Doch Schelich avancierte rasch, wurde Leichtmatrose, Matrose, dann Bootsmann, dann Steuermann.

An dem Tage, da er sein Kapitänspatent erhielt, ließ sich ihm ein Knecht aus seiner Heimat melden. Der hatte sich auch entschlossen, Seemann zu werden, und er brachte Schelich nun die Nachricht, daß Emanuel Assup vor einem halben Jahre gestorben wäre.

Da kam ein schweres Schmerzgefühl über den Sohn. Er reiste, so schnell er vermochte, heim.

Am Grabe des Vaters fiel er nieder und schluchzte bitterlich. Dann trieb es ihn zu der Schildkröte. Auch sie war tot. Ihr Gehäuse mit den verwitterten Resten lag noch am alten Platz. Schelich bettete die Tierleiche in die Erde ein, neben dem Grabe des alten Assup.

Schelich irrte verzweifelt umher, fragte die Vögel und die Fische, warum sie glücklich wären und warum er nicht glücklich wäre. Doch die Vögel und die Fische antworteten ihm nicht mehr.

So machte er sich, unendlich einsam, daran, den Nachlaß seines Vaters zu ordnen. Im Schreibtisch entdeckte er ein schlichtes Notizheft. Dahinein hatte der alte Herr noch mit zittriger Hand geschrieben:

Es sind die harten Freunde, die uns schleifen.
Sogar dem Unrecht lege Fragen vor.
Wer nimmer fragt, merkt nicht, was er verlor.
Vom andern aus lerne die Welt begreifen.

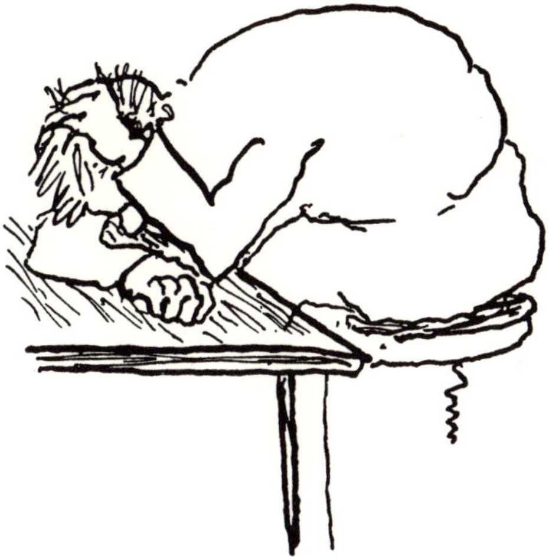

Anleitung zum Bau einer Windmühle

1. Klebe die Bogen mit den Figuren auf dünnen Karton und schneide die einzelnen Figuren dann nach den schwarzen Linien aus.

2. Bestreiche die Zahlen mit Klebstoff und klebe 1 auf 2, dann 3 auf 4 und so fort.

3. Durch die Buchstaben A bis G stecke eine Stricknadel oder einen stärkeren Draht.

4. Wenn man den so entstandenen Bau mit Wasserfarben antuscht, hat man eine hübsche Windmühle, die, ins Freie gestellt, sich im Winde richtig dreht.

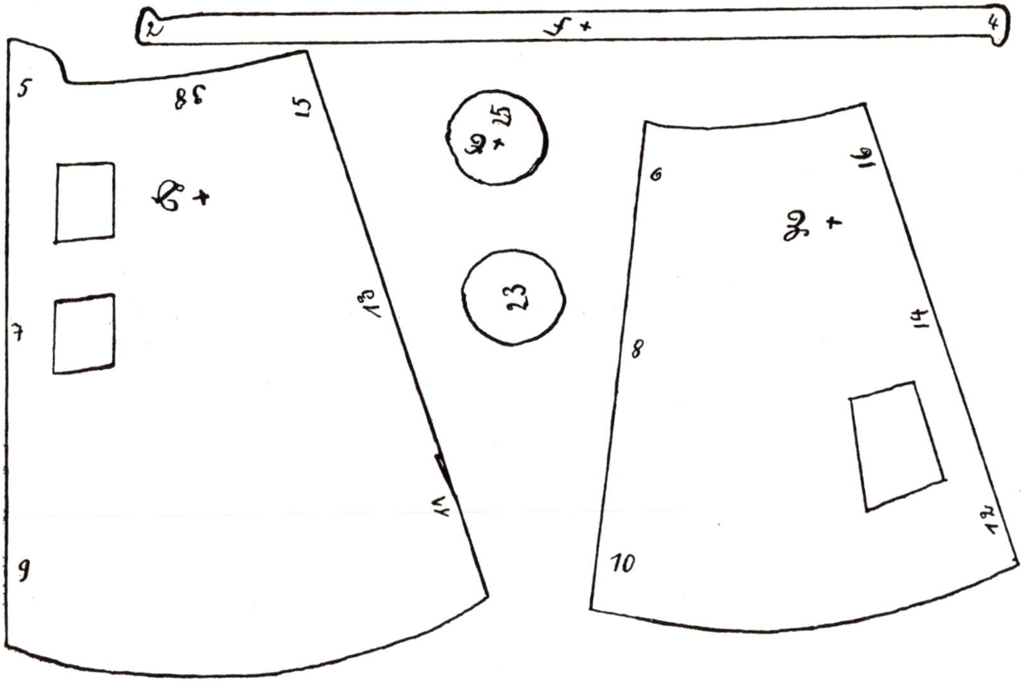
2
4
5
15
7
13
9
25
23
6
16
8
14
12
10

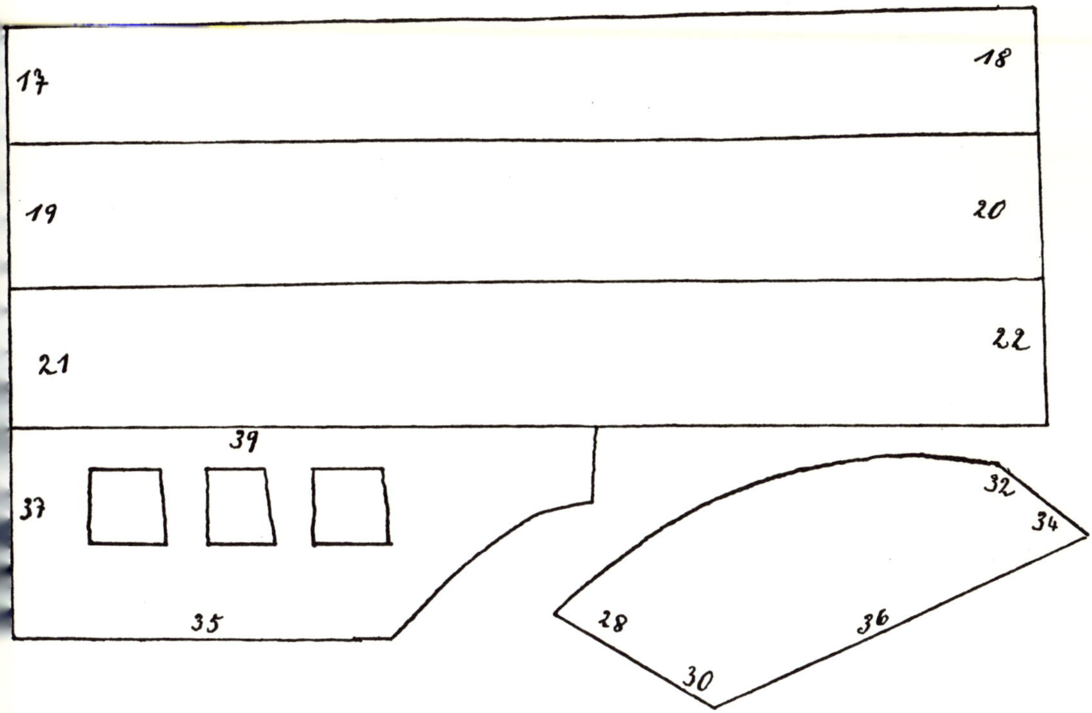

17
18
19
20
21
22
39
37
35
32
34
28
36
30

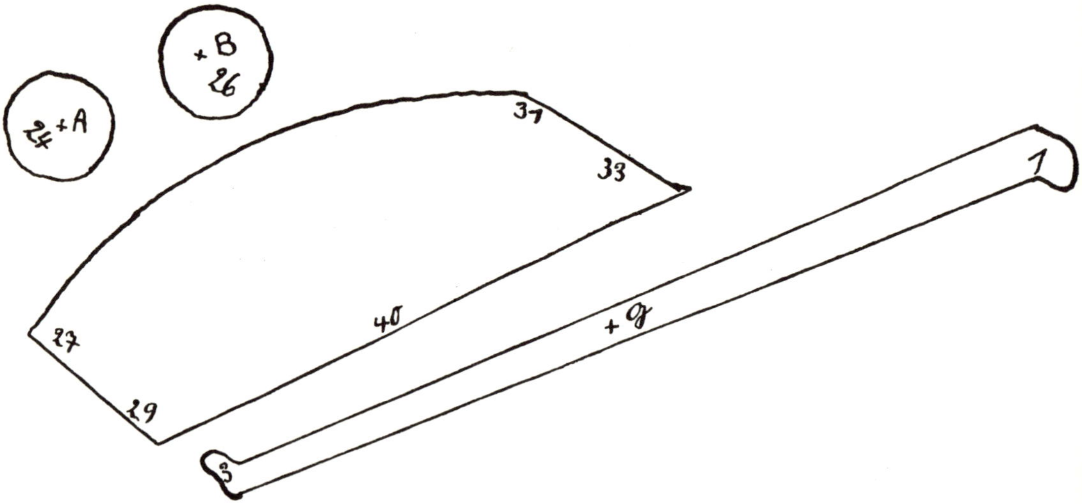

24 + A
+ B
26
31
33
27
40
29
1
+ 9
3

Doch ihre Sterne kannst du nicht verschieben

Das Sonderbare und Wunderbare
Ist nicht imstande, ein Kind zu verwirren.
Weil Kinder wie Fliegen durch ihre Jahre
Schwirren. – Nicht wissend, wo sie sind.

Nur von den angeblich wahren
Deutlichkeiten erschrickt ein Kind.

Das Kind muß lernen, muß bitter erfahren.
Weiß nicht, wozu das frommt.
Hört nur: das muß so sein.

Und ein Schmerz nach dem andern kommt
In das schwebende Brüstchen hinein.
Bis das Brüstchen sich senkt
Und das Kind denkt.

Brief eines Kindes an Ringelnatz:

Baden-Baden 1931

Lieber Ringelnatz! In dem Kinderverwirrbuch habe ich mir manches anders vorgestellt. Die Sonne ist nicht so

sondern so

Der Osterhas legt nicht in die Pfanne Eier und sieht so aus

Der Elefant hat nicht 6
sondern 4 Beine.

Dornrös'chen ist aber keine alte Hexe, sondern ein Königskind

Ihren Euter hat die Kuh nicht forn, sondern hinten

Der Schnee kann gar nicht brennen, sondern er schmilzt und das Feuer geht aus. – Und du schreibst da Unrecht, seine Großmutter zu verhauen. *Es grüßt G.S.*

Ringelnatz antwortete:
Liebe G.S. Ich danke Dir für Deinen schönen Brief. Du hast mit der Sonne, mit dem Elefanten und allem anderen ganz recht. Ich habe mich da sehr geirrt. Aber das kommt davon, wenn man in der Schule nichts lernt. Nun grüße ich Dich und Deine Eltern herzlichst und wünsche, daß Euch der Osterhase viel neben die Pfanne legt.
Dein Joachim Ringelnatz

aus: Joachim Ringelnatz, *Das Gesamtwerk in sieben Bänden,* herausgegeben von Walter Pape, Diogenes 1994, Band 2, S. 451f.

Inhaltsverzeichnis

Joachim Ringelnatz im Diogenes Verlag

1883 in Wurzen geboren, zeigte Hans Bötticher, der sich später Joachim Ringelnatz nannte, schon in der Kindheit Spürsinn fürs Abenteuerliche und Skurrile. Nach der Schulzeit fuhr er vier Jahre lang als Schiffsjunge und Matrose zur See und machte den ersten Weltkrieg als Kommandant eines Minensuchbootes mit. 1920 taucht er in der Münchner Bohème auf und rezitiert im ›Simpl‹ der Kathi Kobus. Dort entdeckt ihn Hans von Wolzogen für seine Berliner Kleinkunstbühne ›Schall und Rauch‹. Entscheidenden Erfolg erringt Ringelnatz mit den *Turngedichten* und den Liedern vom Seemann ›Kuttel Daddeldu‹. Als reisender Artist trägt er überall seine Verse vor und wird zu einem Klassiker des deutschen Humors. 1933 Auftrittsverbot und Beschlagnahme seiner Bücher. Völlig mittellos geworden, stirbt er 1934.

Das Gesamtwerk in sieben Bänden in Kassette
Herausgegeben von Walter Pape

und auf einmal steht es neben dir
Gesammelte Gedichte

Es zwitschert eine Lerche im Kamin
Gedichte

Turngedichte
Mit Zeichnungen von Karl Arnold

Kuttel Daddeldu
Gedichte

Gedichte und Prosa
in kleiner Auswahl

Die wilde Miss vom Ohio
und andere ungewöhnliche Geschichten. Mit 42 Handzeichnungen von Joachim Ringelnatz

Briefe
Herausgegeben von Walter Pape

Das Ringelnatz Lesebuch
Herausgegeben von Daniel Keel. Mit einem Nachwort von Anton Kuh

Die Kinderbücher:

Geheimes Kinder-Spiel-Buch
Mit vielen Bildern des Autors

Kinder-Verwirr-Buch
Vom Autor reich illustriert

Tomi Ungerers Kinderbücher im Diogenes Verlag

»Das Ende der falschen Niedlichkeit, die Entrümpelung des Bilderbuchs von pädagogischem Muff und artigen Nichtigkeiten verdanken wir neben Maurice Sendaks *Wilden Kerlen* auch Tomi Ungerers *Toby Tatze*: Wie ein Hurrikan fegte der struppige, aufsässige, anarchische kleine Kater alles weg, was sich an Rührseligkeit, Wichtelphantasien und bonbonsüßen Albernheiten zwischen Buchdeckeln angesammelt hatte.« *Ute Blaich / Brigitte, Hamburg*

Crictor
die gute Schlange. Deutsch von Hans Ulrik

Die drei Räuber
Deutsch von Tilde Michels

Der Mondmann
Deutsch von Elisabeth Schnack

Zeraldas Riese
Die Bekehrung eines Menschenfressers. Deutsch von Anna von Cramer-Klett

Der Hut
Deutsch von Claudia Schmölders

Das Biest des Monsieur Racine
Deutsch von Hans Manz

Papa Schnapp und seine noch-nie-dagewesenen Geschichten
Deutsch von Anna von Cramer-Klett

Kein Kuß für Mutter
Deutsch von Anna von Cramer-Klett

Allumette
Deutsch von Anna von Cramer-Klett

Das große Liederbuch
204 deutsche Volks- und Kinderlieder, gesammelt von Anne Diekmann, unter Mitwirkung von Willi Gohl, mit 156 bunten Bildern von Tomi Ungerer

Das kleine Kinderliederbuch
Die einundfünfzig schönsten deutschen Kinderlieder, gesammelt von Anne Diekmann, mit vierzig Bildern von Tomi Ungerer

Tomi Ungerer & André Hodeir
Kleopatra fährt Schlitten
Deutsch von Anna von Cramer-Klett

Tomi Ungerer & Janosch
Das große Buch vom Schabernack
333 lustige Bilder von Tomi Ungerer mit frechen Versen von Janosch

Maurice Sendak im Diogenes Verlag

»Ich erzähle den Kindern einfach die Wahrheit... In der Erinnerung vieler Erwachsener verklärt sich die Kindheit, und sie belügen die Kinder, angeblich, um sie vor den Grausamkeiten der Welt zu beschützen. Aber Kinder hassen es, belogen zu werden. Ich weiß noch genau, wie ich als Kind fühlte; ich erlebte eine ganz gewöhnliche, typische Kindheit: Es war schrecklich.« *Maurice Sendak*

»Maurice Sendaks Illustrationen sind aber fernab aller Diskussion als Sensation zu bezeichnen, eine Bilderwelt voll Dämonie und Zauber, Trauer und Bedrohlichkeit.« *Die Presse, Wien*

»Die Federzeichnungen erinnern mehr als einmal durch ihre unheimliche Stimmung und groteske Komposition an Alfred Kubin und sogar an die Collagen von Max Ernst.« *Frankfurter Allgemeine Zeitung*

»Nichts für humorlose Eltern! Um so mehr für ihre bedürftigen Kinder. Keine obere Altersgrenze.«
Tages-Anzeiger, Zürich

Wo die wilden Kerle wohnen
Aus dem Amerikanischen von Claudia Schmölders

Die Mini-Bibliothek
Deutsche Verse von Hans Manz
1 war Hans. Ein Zählbuch
Hühnersuppe mit Reis. Ein Buch mit den 12 Monaten
Alligatoren allüberall. Ein Alphabet
Klaus – ein warnendes Beispiel
In fünf Kapiteln und einem Prolog

In der Nachtküche
Deutsch von Hans Manz

Portfolio 3
Mappe mit 19 Blättern. Mit einer Vorrede des Künstlers

Higgelti Piggelti Pop!
oder Es muß im Leben mehr als alles geben. Deutsch von Hildegard Krahé

Herr Hase und das schöne Geschenk
Eine Geschichte von Charlotte Zolotow. Deutsch von Eva Matta. Mit Bildern von Maurice Sendak

Von Maurice Sendak illustriert:

Märchen der Brüder Grimm
Auswahl von Lore Segal und Maurice Sendak

Diogenes Kinderbuch Klassiker

Bücher fürs ganze Leben

● **Kurt Bracharz & Tatjana Hauptmann**
Wie der Maulwurf beinahe in der Lotterie gewann

● **Laurent de Brunhoff**
Babars Buch der Farben

● **Wilhelm Busch**
Max und Moritz

● **Lewis Carroll**
Die kleine Alice

● **Anne Fine & Gabriele Kernke**
Kuh-Lotto
Bills neues Kleid

● **Florence Parry Heide & Edward Gorey**
Schorschi schrumpft

● **Dr. Heinrich Hoffmann**
Der Struwwelpeter

● **Janosch**
Das kleine Kinderreimebuch

● **Hilde Janzárik & Paul Flora**
Die Männchen und die Fräuchen

● **Munro Leaf & Robert Lawson**
Ferdinand

● **Rhoda Levine & Edward Gorey**
Er war da und saß im Garten

● **Beatrix Potter**
Die Geschichte von Peter Hase
Die Geschichte von Stoffel Kätzchen
Die Geschichte von Benjamin Kaninchen
Die Geschichte von Emma Ententropf

● **Sempé & Goscinny**
Der kleine Nick
Der kleine Nick und seine Bande
Der kleine Nick und die Schule
Der kleine Nick und die Ferien
Der kleine Nick und die Mädchen

● **Sempé**
Carlino Caramel

● **Maurice Sendak**
Higgelti Piggelti Pop! oder Es muß im Leben mehr als alles geben

● **Susanna Tamaro & Tony Ross**
Der kugelrunde Roberto

● **Uwe Timm & Tatjana Hauptmann**
Die Zugmaus

● **Tomi Ungerer**
Kein Kuß für Mutter
Das kleine Kinderliederbuch

● **Friedrich Karl Waechter**
Die Reise
Der Anti-Struwwelpeter

● **E.B. White & Garth Williams**
Wilbur und Charlotte
Klein Stuart

● **Der Wunderhund**
Freche Geschichten und lustige Bilder von Helme Heine, Janosch, Maurice Sendak, Tomi Ungerer u.v.a.